Mit herzlicher Anteilnahme

Die Trauer
schenkt den
Tränen kleine
Schutzengel.

Katja Heimberg

Trost der Erinnerung

Butzon & Bercker

Mitgefühl zu zeigen heißt, die Tränen des Trauernden in eine herzlich-warme Umarmung zu legen.

Liebe Trauernde, lieber Trauernder,

„du bist nicht allein", diesen Satz hörst du oft ... aber mit diesem Buch erfährst du tröstende und mitfühlende Hilfe. Hier ist Platz für Erinnerungen an deinen Herzensmenschen. Fotos und Gebete helfen dir, zurück und nach vorne zu schauen. Mit tröstenden Gedanken, Gebeten und Trauerritualen kannst du innerlich zur Ruhe kommen, neue Kraft schöpfen und den geliebten Menschen für immer im Herzen bewahren.

Es ist ein Buch, das dich täglich stärkt und dir hoffnungsvolle Momente schenkt. Lass dich führen und immer wieder auffangen.

Deine Katja Heimberg

Für immer
in unseren Herzen.

Zur Erinnerung an

____

Geboren am ______________________

Gestorben am ______________________

in ______________________________

Jeder rückblickende
Gedanke an dich
ist ein wärmender Lichtstrahl.

Platz für ein Foto von dir

Erinnerungen
sind der
Spiegel des Herzens.

Jeder trauert anders

Die Anfangszeit der Trauer wiegt schwer.
Du drehst dich vielleicht
im Kreis und fühlst dich sehr einsam.
Da ist es gut, wenn du begleitet wirst
von Menschen, die dir wichtig sind, oder von jenen,
die das beruflich machen, wie z. B. einer Seelsorgerin
oder einem Seelsorger.
Manchmal tut es auch einfach nur gut,
jemanden zum Reden zu haben
oder zusammen ein Gebet zu sprechen.
Gemeinschaft kann heilsam sein, aber
jede/jeder trauert anders.
Es gibt kein Muss, nur ein „Kann".

Gottes Segen
ist mein
tröstender Herzensanker.

Gott ist unsere Zuversicht
und Stärke.
Psalm 46,2

Beschenkt

Vertrauen zu haben und Halt zu geben
sind immer das Heute und Morgen
für ein hilfsbereites Leben. Tröstende
Mitmenschen schenken mir Zuversicht,
indem sie mir in den Tagen der Trauer
mit liebevollen Gesten begegnen.

Ich wünsche dir
gute Zuhörer. Sie sind
das wahre Juwel
des trostvollen Rückhalts.

Gott wartet auf dich.
Er will dich beschenken
mit kleinen Momenten
voller Zuversicht.

RITUAL

Schenk deinen Erinnerungen einen Platz

Gestalte eine kleine Erinnerungsecke, in der du dich zurückziehen und trauern kannst. Eine Kerze, einen Schutzengel, Fotos oder andere Erinnerungen, die wertvoll für dich sind, bringen dich deinem Herzensmenschen näher.

Wo Erinnerungen
einen Platz
der Liebe finden, umarmen
mich trostvolle Augenblicke.

Wie Ebbe und Flut die ewigen Gezeiten
des Meeres sind, so endlos bist du
für immer in meinen Gedanken,
die mein Herz berühren.

Augenblicke des Lichts

Erinnerungen an dich
sind wie kleine tröstende Sterne.
Im Dunkel meiner Trauer
leuchten sie und lassen
winzig kleine Glücksgefühle
entstehen.

*Meine Liebe und die
Erinnerung an dich
bleiben für immer.*

Lichtmomente

zeigen mir den Weg durch die Trauer.

Die Hoffnung ist wie
ein Sonnenstrahl, der
in ein trauriges Herz dringt.
Öffne es weit und lass sie herein.

Friedrich Hebbel

RITUAL

Jeden Tag *neu getröstet*

Worte haben Kraft und machen Mut.
Diese stärkenden und motivierenden
Gedanken gebe ich dir mit auf den Weg.
Such dir jeden Tag einen aus
und nimm ihn mit durch deine Trauerzeit.
Vielleicht schreibst du sie auch auf Zettel
und füllst damit ein Glas.

Tränen sind tröstende Erinnerungen.

Erinnerungen schauen
durch das ganz persönliche
Fernglas des Herzens.

Du bist nicht mehr da, wo du warst –
aber du bist überall, wo wir sind.

Victor Hugo

GEBET

Gott, du nimmst meine Tränen
in deine Hände und
umarmst mich in meinem Schmerz.
Amen.

Gemeinsam trauern ist wie
ein Segen Gottes,
eine herzliche Wertschätzung.

Licht des Segens

Der erste Sonnenstrahl des Tages
möge Licht in mein Leben bringen.
Der Regenbogen des Himmels möge
meine Seele aufmuntern.
Ein Spaziergang mit guten Freunden
möge mich stärken und der Trauer ein Wir geben.
Die Erinnerungen an dich mögen
mein Herz berühren und mich trösten.
Das Vertrauen auf Gott möge mir
Hoffnung und inneren
Frieden schenken.

*Erinnerungen an dich
fühlen sich in der Abendsonne
eines Tages geborgen.*

Mit einem Lichtstrahl Hoffnung
weist Gott dir
den Weg nach vorn.

Brücken zwischen Himmel und Erde

Gebete sind Brücken vom Himmel zur Erde und von Gott zu den Menschen. Sie machen dir Mut, dich gehalten und getragen zu fühlen.
Öffne dich und dein Herz ... so wirst du getröstet.

GEBET

Guter Gott,
ich trage den geliebten Menschen
für immer im Herzen. Mit all den
farbenreichen Geschichten,
die wir gemeinsam erlebt haben.
Halte mich und schenk mir Tränen
der Trauer, aber auch der Freude. Amen.

Der HERR
ist mein Licht
und mein Heil.

Psalm 27,1

RITUAL

Wenn dir Gebete
Ruhe und Kraft spenden,
dann erzähl Gott, was dein Herz bewegt.
Du kannst es auch aufschreiben und
an deinem Erinnerungsort ablegen.
Oder schöpfe Kraft aus dem Wort der Bibel.

Im Garten der Zeit wächst
die Blume des Trostes.

Spruchweisheit

Denke immer daran …

Wenn du bei Nacht den Himmel anschaust,
wird es dir sein, als lachten alle Sterne,
weil ich auf einem von ihnen wohne,
weil ich auf einem von ihnen lache.

Antoine de Saint-Exupéry

Hoffnung ist
ein funkelndes *Leuchten* auf meiner
mit Trauer behafteten Seele.

RITUAL

Ein Licht anzünden

Zünde an deinem Lieblingsplatz der Erinnerung ein Herzenslicht an, es kann eine Kerze, ein LED-Licht oder auch eine Wunderkerze sein, einfach das, was dich am meisten innerlich berührt, dich wärmt und dir Trost spendet.

Trauern heißt, durch den Horizont unserer gemeinsamen Liebe zu schauen.

Leuchtende Tage.
Nicht weinen, dass sie vorüber.
Lächeln, dass sie gewesen.

Konfuzius

Stille Augenblicke
geben dem Begreifen
ein herzliches Fundament.

RITUAL

Ein Brief für dich

Schreib einen Brief an deinen Herzensmenschen.
Deinen Gedanken und Gefühlen kannst du freien Lauf lassen.
Erzähle, wie es dir jetzt geht, was du vermisst,
was schön war und wofür du dankbar bist.
Du kannst auch aufschreiben, was du ihr/ihm
noch sagen wolltest.

Zünde den Brief an und lass ihn wie
eine Himmelslaterne gen Himmel schweben.
Es ist wie eine Verbindung von der Erde
zum Himmel. Bei Gott ist alles aufgehoben –
auch über den Abschied hinaus.

Wind in den Bäumen, bunte Blätter
wirbeln durch die Lüfte
und ein Herzblatt fällt in meine Hände.
Die *Erinnerung an dich* ist wieder hier.

Tröstliche Erinnerung des Herzens

Unsere gemeinsame Zeit ist verantwortlich
für wunderbare Herzensgeschichten.

Gedanken an dich
sind wie Leuchttürme, die mich
von nah und fern begleiten.

Jede Träne ist ein tröstender
Tautropfen, der auf die bunten
Blüten der Erinnerungen fällt.

Platz für ein Foto von dir

Du bleibst für immer
in meinem Herzen.

Was bleibt, sind
Glaube, Hoffnung und Liebe.
Von diesen dreien aber
ist die Liebe das Größte.

Korinther 13,13

Gottes Segen ist in Zeiten von
Trauer dort zu Hause, wo
wärmendes Licht auf deinen Weg fällt.

Gib der Trauer Raum, wo sie sein darf.
Nimm Trost an und erfahre Kraft
und Stärke durch Gottes Segen.

Ich schaue nach vorn
und mein Schutzengel
bleibe mir treu.

Nicht allein

Mitgefühl ist das Band der Hoffnung,
mit der Trauer nicht allein zu sein.
Es legt sich wie die schützende Rinde
eines Baumes um ein trauerndes Herz.

RITUAL

Was gut für mich ist

Wann immer du dich im Alltag verloren fühlst und dich nach einer Stärkung sehnst, mache einen Spaziergang. Geh an Feldern und Wiesen vorbei. Erkunde gern den Wald. Atme die Stille ein. Such dir eine besondere Stelle aus und verweile dort ein paar Minuten. Halte deine Tränen nicht zurück. Die Natur ist Gottes Geschenk, sein Segen ist ein Segen für dich.

Mit jedem neuen grünen Blatt kommt die Hoffnung zurück. Mit jedem goldenen Blatt schauen besondere, wärmende und geborgene Momente vorbei.

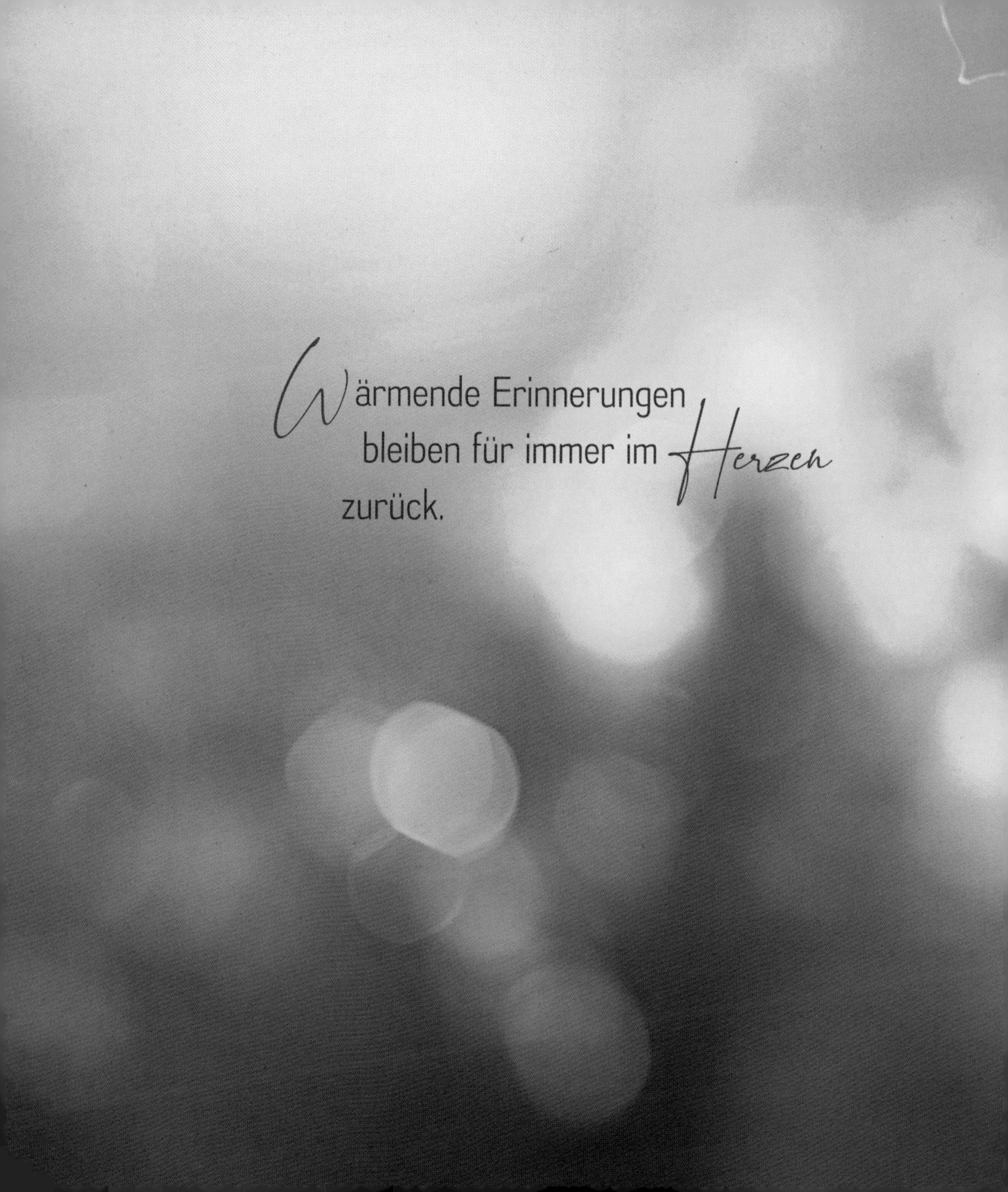

Wärmende Erinnerungen
bleiben für immer im Herzen
zurück.

Der Herr segne dich
und behüte dich!

4. Mose / Genesis 6,24

Leise Töne bringen stille Momente
der Trauer
hoffnungsvoll wieder zum Klingen.

GEBET

Dankbar

Herr, bunte Erinnerungen sind mein ganz persönliches Lesezeichen im Buch des Herzens. Sie verblassen und vergilben nie. Jene Geschichten schenken mir Tag für Tag ein wenig mehr Kraft für diese schwere Zeit. Es ist nicht einfach, aber du bist mein Rückhalt und liebe Menschen sind es ebenfalls. Dafür danke ich dir. Amen.

Mögest du dankbar in deinem Herzen
bewahren die kostbare Erinnerung
der guten Dinge in deinem Leben.

Irischer Segenswunsch

Vergangen nicht,
verwandelt ist, was war.

Rainer Maria Rilke

Jahreszeiten-Geschenke

Im Frühling kehrt mit jedem neuen Trieb
deine Zuversicht in mein Herz zurück,
im Sommer mit jeder neuen Blüte deine Fröhlichkeit
und im Herbst mit jeder neuen Frucht
deine Zufriedenheit. So blühen meine Erinnerungen
an dich immer wieder von Neuem auf.

Unsere Schätze des
Glücks sind in
meinem Herzen geborgen.

Mit Hoffnung im Herzen
schöpfen wir aus traurigen
und stillen Momenten stets neue Kraft.

TROST-GEBETE

Du, Herr, gibst meinem
Herzen täglich neue Kraft,
die Trauer anzunehmen
und mit ihr zu wachsen.

Amen.

Guter Gott,

du bist neben mir,
hinter mir und gehst mit mir zusammen
auf den Wegen der Trauer.
In dir finde ich Trost und Halt.

Amen.

Mit den Ästen der Hoffnung
und Zuversicht wachse ich
einer neuen Zukunft entgegen.
Schenke mir Kraft, Herr.

Amen.

Lieber Gott,

du gibst Zuversicht in Zeiten der Trauer, Tag für Tag.
Ohne meinen Herzensmenschen muss ich mich neu finden
und orientieren. Das fällt mir unendlich schwer.
Die Trauer und der Schmerz mischen sich mit
liebevollen Erinnerungen.

Mein ganz persönliches Vergissmeinnicht
hat sich einen treuen Platz in meinem Herzen gesucht.
Durch dich getröstet, gehe ich neue Wege der Zukunft entgegen.
Der Rückhalt von Menschen um mich herum fängt mich auf.
Ich bin dankbar dafür.

Amen.

Bei dir, Gott, wächst und
gedeiht neues Leben.
Bei dir bin ich geborgen.
Amen.

Meine Erinnerungen an dich …

Erinnerungen schweben
friedlich dem Himmel entgegen.

Quellennachweise

Texte: Die Bibelstellen sind der Übersetzung Hoffnung für alle® entnommen, Copyright © 1983, 1996, 2002, 2015 by Biblica, Inc.®. Verwendet mit freundlicher Genehmigung des Herausgebers Fontis.

Abbildungen: Cover, S. 3, 38f.: © Juliana Nan; Vor- u. Nachsatz, S. 10f., 14, 16f., 20f., 32f., 36f., 40f.: © akniramb (Gräser); S. 5: © Ann Stryzhekin; S. 6f., 28f.: © jagpro (Blumen); S. 9: © James Ellis; S. 11, 16f., 20f., 24f., 32f., 36f., 40f., 42f.: © Olya Creative Art (Banner, Feder); S. 12f.: © Jenny Sturm; S. 15: © Serenkonata; S. 19: © VICUSCHKA; S. 22f.: © agika7; S. 26f.: © RPHOTOWORKS; S. 30f.: © Yulia; S. 34f.: © Rimsha – alle: stock.adobe.com

Bibliografische Information der Deutschen Nationalbibliothek
Die Deutsche Nationalbibliothek verzeichnet diese Publikation in der Deutschen Nationalbibliografie; detaillierte bibliografische Daten sind im Internet über http://dnb.d-nb.de abrufbar.

verlagsgruppe engagement

Das Gesamtprogramm von Butzon & Bercker finden Sie im Internet unter www.bube.de

MIX
Papier | Fördert gute Waldnutzung
FSC® C020056
FSC www.fsc.org

ISBN 978-3-7666-3635-5

Umschlaggestaltung: Tanja Manden, Kevelaer
Layout und Satz: Schaffer Grafik + Satz, Hofheim a. Ts.